卞尺丹几乙し丹卞と

Translated Language Learning

चंपानजी भाषा
Translated Language Learning

Llaw y mwnci
The Monkey's Paw

W.W. Jacobs

Cymraeg / English

Copyright © 2023 Tranzlaty
All rights reserved.
Published by Tranzlaty
ISBN: 978-1-83566-268-7
Original text by W.W. Jacobs
The Monkey's Paw
First published in English in 1902
www.tranzlaty.com

Rhan Un
Part One

Roedd y tu allan i'r nos yn oer ac yn wlyb
outside the night was cold and wet
ond roedd popeth yn iawn ym mharlwr bach Laburnam Villa
but all was well in the small parlour of Laburnam Villa
Llosgodd y tân yn llachar a thynnwyd y bleindiau
the fire burned brightly and the blinds were drawn
Roedd yr hen wraig gwallt gwyn yn gwau gan y tân
the white-haired old lady was knitting by the fire
A dad a mab yn brysur yn chwarae gwyddbwyll
and father and son were busy playing chess
Roedd y tad yn hoffi chwarae'r gêm yn beryglus
the father liked to play the game dangerously
yn aml yn rhoi ei frenin mewn peryglon diangen
he often put his king into unnecessary perils
a'r tro hwn yr oedd wedi gadael y brenin yn rhy agored
and this time he had left the king too exposed
Roedd wedi gweld y camgymeriad a wnaeth
he had seen the mistake he made
Ond roedd hi'n rhy hwyr i'w newid
but it was too late to change it
"Hark wrth y gwynt!" meddai Mr White, yn ddoniol
"Hark at the wind!" said Mr. White, amiably
Ceisiodd dynnu sylw ei fab rhag gweld y camgymeriad
he tried to distract his son from seeing the mistake
'Rwy'n gwrando,' meddai'r mab
"I'm listening," said the son
er ei fod yn arolygu'r bwrdd yn ddifrifol
although he was grimly surveying the board
rhoddodd y brenin mewn golwg
he put the king into check
"Alla'i ddim dychmygu y bydd yn dod heno," meddai ei dad
"I can't imagine he'll come tonight," said his father
Ac aeth i roi ei law at y bwrdd

and he went to put his hand to the board
"a check mate," ychwanegodd y mab
"and check mate," added the son
Cafodd Mr White ei oresgyn yn eithaf gyda dicter am eiliad
Mr. White was quite overcome with anger for a moment
"Dyna'r broblem gyda byw mor bell allan!"
"That's the problem with living so far out!"
"Mae'n lle mor ofnadwy i fyw ynddo"
"it's such a beastly place to live in"
"Ac mae'n rhy bell allan o ffordd pethau"
"and it's too far out of the way of things"
"Mae'r llwybr i'r tŷ yn gors"
"The pathway to the house is a bog"
"Ac mae'n debyg bod y ffordd yn llifeiriant erbyn hyn"
"and the road's probably a torrent by now"
"Dwi ddim yn gwybod beth oedd pobl yn meddwl!"
"I don't know what the people were thinking!"
"Efallai oherwydd mai dim ond dau dŷ ar y ffordd sy'n cael eu gosod"
"perhaps because only two houses in the road are let"
"Rhaid iddyn nhw feddwl nad oes ots ganddyn nhw"
"they must think that it doesn't matter"
"Peidiwch byth â meddwl, annwyl," meddai ei wraig, yn dawel.
"Never mind, dear," said his wife, soothingly
"Efallai y byddwch yn ennill y gêm nesaf"
"perhaps you'll win the next game"
Rhannodd mam a mab gipolwg gwybodus
mother and son shared a knowing glance
Edrychodd Mr White mewn pryd yn unig i sylwi
Mr. White looked up just in time to notice
Bu farw'r geiriau ar ei wefusau
The words died away on his lips
cuddiodd grin euog yn ei farf llwyd tenau
he hid a guilty grin in his thin grey beard
Roedd yna glec uchel wrth y drws
there was a loud bang at the gate

'Yno y mae,' meddai Herbert White
"There he is," said Herbert White
a thraed drom a ddaeth tua'r drws
and heavy footsteps came towards the door
Cododd yr hen ddyn ar frys groesawgar
The old man rose with hospitable haste
Agorodd y drws i'w ffrind
he opened the door for his friend
ac fe'i clywyd yn cydymdeimlo â'r dyfodiad newydd
and he was heard condoling with the new arrival
Yn y diwedd, galwodd Mrs. White y dynion yn
eventually Mrs. White called the men in
Roedd hi'n pesychu yn ysgafn wrth i'w gŵr fynd i mewn i'r ystafell
she coughed gently as her husband entered the room
Dilynwyd ef gan ddyn tal, byrlymus
he was followed by a tall, burly man
Yr oedd yn gladiog o lygad, a rhwysg y gwelediad
he was beady of eye, and rubicund of visage
"Rhingyll-Major Morris," meddai, yn cyflwyno ei gyfaill
"Sergeant-Major Morris," he said, introducing his friend
Y sarjant-mawr ysgwyd dwylo
The sergeant-major shook hands
Ac efe a gymerodd y sedd proffered gan y tân
and he took the proffered seat by the fire
Aeth ei westeiwr allan y wisgi a'r tumblers
his host got out the whiskey and tumblers
ac fe roddodd tegell fechan gopr ar y tân
and he put a small copper kettle on the fire

Ar ôl ei drydedd wisgi aeth ei lygaid yn fwy disglair
After his third whiskey his eyes got brighter
ac yn raddol dechreuodd siarad yn fwy rhydd
and gradually he began to talk more freely
Roedd y teulu bach yn cylchio eu hymwelydd
the little family circled their visitor
Sgwariodd ei ysgwyddau eang yn y gadair

he squared his broad shoulders in the chair
Ac efe a lefarodd am olygfeydd gwyllt a gweithredoedd drwg
and he spoke of wild scenes and doughty deeds
Siaradodd am ryfeloedd a phlâu a phobloedd rhyfedd
he spoke of wars and plagues and strange peoples
"Un mlynedd ar hugain ohono," meddai Mr White
"Twenty-one years of it," said Mr. White
Ac efe a noddodd i'w wraig a'i fab
and he nodded to his wife and son
"Roedd e jyst yn gweithio yn y warws bryd hynny"
"he was just working in the warehouse then"
"Pan aeth i ffwrdd, dim ond llanc oedd e"
"When he went away he was just a youth"
"Edrychwch arno, wedi'r holl flynyddoedd hyn."
"Now look at him, after all these years"
er i Mrs. White ei gwawdio'n gwrtais;
although Mrs. White politely flattered him;
"Nid yw'n edrych fel ei fod wedi cael ei ddifrodi'n ormodol"
"He doesn't look like he has been too damaged"
"Hoffwn i fynd i India fy hun," meddai'r hen ddyn
"I'd like to go to India myself," said the old man
"I edrych o gwmpas ychydig, wyddoch chi"
"just to look around a bit, you know"
ond cynghorodd y Sarjant Fawr yn ei erbyn
but the sergeant-major advised against it
"Rydych chi'n well lle rydych chi"
"you're better off where you are"
ysgydwodd ei ben wrth y cof
he shook his head at the memory
Rhoddodd y gwydraid gwag o wisgi i lawr
He put down the empty glass of whiskey
ochneidio'n feddal, ysgydwodd ei ben eto
sighing softly, he shook his head again
ond parhaodd yr hen ŵr i freuddwydio am y peth
but the old man continued to dream of it
"Hoffwn weld yr hen demlau hyn"

"I would like to see those old temples"
"A hoffwn i weld y fakirs a'r jyglau"
"and I'd like to see the fakirs and jugglers"
"Beth ddwedaist wrthyf y diwrnod o'r blaen?"
"What is it you were telling me the other day?"
"Oedd o ddim yn rhywbeth am llaw mwnci, Morris?"
"wasn't it something about a monkey's paw, Morris?"
'Dim byd,' meddai'r milwr ar frys
"Nothing," said the soldier, hastily
'Ddim yn werth clywed amdano'
"it's nothing worth hearing about"
"llaw mwnci?" meddai Mrs. White, yn chwilfrydig
"a monkey's paw?" said Mrs. White, curiously
Roedd y sarjant major yn gwybod bod yn rhaid iddo esbonio ychydig
the sergeant-major knew he had to explain a little
"Wel, dim ond ychydig o'r hyn y gallech ei alw'n hud"
"Well, it's just a bit of what you might call magic"
Pwysodd ei dri gwrandawyr ymlaen yn eiddgar
His three listeners leaned forward eagerly
Rhoddodd yr ymwelydd ei wydr gwag i'w wefusau
The visitor put his empty glass to his lips
am ennyd yr anghofiodd lle yr oedd
for a moment he had forgot where he was
ac yna rhoi'r gwydr i lawr eto
and then he put the glass down again
Ail-lenodd ei westeiwr y gwydr yn garedig iddo
His host kindly refilled the glass for him
Roedd yn mygu yn ei boced am rywbeth
he fumbled in his pocket for something
"I edrych arno, dim ond llaw bach cyffredin ydyw"
"To look at, it's just an ordinary little paw"
"Mae'r cyfan ond wedi sychu i fam"
"it has all but dried to a mummy"
a chymryd rhywbeth allan o'i boced
and he took something out of his pocket
Fe'i rhoddodd i unrhyw un a oedd eisiau

he offered it to anyone who wanted it
Tynnodd Mrs. White yn ôl gyda galar
Mrs. White drew back with a grimace
Ond ni wnaeth ei mab oedi cyn y cyfle
but her son didn't hesitate at the opportunity
Ac fe gymerodd y llaw mwnci o'r gwestai
and he took the monkey paw from the guest
Edrychodd arno gyda chwilfrydedd mawr
he examined it with great curiosity
cyn bo hir tro ei dad oedd dal y mwnci llaw
soon it was his dad's turn to hold the monkey paw
Ar ôl ei archwilio, fe'i gosododd ar y bwrdd
having examined it, he placed it upon the table
"A beth sydd mor arbennig am hynny?" gofynnodd
"And what is so special about it?" he asked
"Roedd ganddo sillafu yn cael ei roi arno," meddai'r sarjant-major
"It had a spell put on it," said the sergeant-major
"Roedd e'n hen fakir; yn ddyn sanctaidd iawn."
"he was an old fakir; a very holy man"
"Roedd e eisiau dysgu gwers i bobl"
"and he wanted to teach people a lesson"
"Roedd e eisiau dangos bod tynged yn rheoli ein bywydau."
"He wanted to show that fate ruled our lives"
"Peidiwch ag ymyrryd â thynged," rhybuddiodd
"don't interfere with fate," he warned
"Felly rhoddodd sillaf ar y llaw"
"so he put a spell on the paw"
"Gallai tri dyn gael y mwnci llaw"
"three men could have the monkey paw"
"Gallen nhw i gyd gael tri dymuniad"
"they could each have three wishes from it"
Roedd ei gynulleidfa yn canfod y stori yn eithaf doniol
his audience found the story quite funny
Ond yn fuan iawn roedd eu chwerthin yn teimlo'n amhriodol
but their laughter quickly felt inappropriate
Yn sicr doedd y storïwr ddim yn chwerthin

the story teller certainly wasn't laughing
Ceisiodd Herbert ysgafnhau'r hwyliau yn yr ystafell
Herbert tried to lighten the mood in the room
"Pam nad oes gennych chi dri dymuniad, syr?"
"Well, why don't you have three wishes, sir?"
Mae'r rhai sydd â phrofiad yn cael tawelwch amdanynt
those with experience have a quiet about them
Roedd y milwr yn ystyried yr ieuenctid yn dawel
the soldier calmly regarded the youth
"Rwyf wedi cael fy nymuniadau," meddai, yn dawel
"I've had my wishes," he said, quietly
a throdd ei wyneb blotiog yn wyn bedd
and his blotchy face turned a grave white
"A ydych chi wir wedi cael y tri dymuniad?"
"And did you really have the three wishes granted?"
"Roedd fy nymuniadau yn cael eu caniatáu," cadarnhaodd y rhingyll-mawr
"I had my wishes granted," confirmed the sergeant-major
'Oes unrhyw un arall yn dymuno?' gofynnodd yr hen wraig
"And has anybody else wished?" asked the old lady
"Roedd gan y dyn cyntaf ei dri dymuniad," oedd yr ateb
"The first man had his three wishes," was the reply
"Dydw i ddim yn gwybod beth oedd y ddau ddymuniad cyntaf"
"I don't know what the first two wishes were"
"Ond y trydydd dymuniad oedd am farwolaeth"
"but the third wish was for death"
"Dyna sut ges i'r mwnci yn llaw"
"That's how I got the monkey's paw"
Roedd ei thars wedi mynd yn ddifrifol iawn
His tones had gotten very grave
Cwympodd hush tywyll ar y grŵp
a dark hush fell upon the group
"Rydych chi wedi cael eich tri dymuniad," meddai Mr White
"you've had your three wishes," pondered Mr. White
"Dyw e ddim yn dda i ti nawr, felly, Morris"
"it's no good to you now, then, Morris"

"Ar gyfer beth ydych chi'n ei gadw?"
"What do you keep it for?"
Ysgydwodd y milwr ei ben
The soldier shook his head
"Mae'n atgof, mae'n debyg," meddai, yn araf
"it's a reminder, I suppose," he said, slowly
"Roedd gen i ryw syniad o'i werthu"
"I did have some idea of selling it"
"Dydw i ddim yn credu y byddwn yn ei werthu"
"but I don't think I will sell it"
"Mae wedi achosi digon o ddrygioni yn barod"
"It has caused enough mischief already"
"Ni fydd pobl yn ei brynu"
"Besides, people won't buy it"
"Maen nhw'n meddwl ei bod hi'n stori dylwyth teg"
"They think it's a fairy tale"
"Mae rhai yn fwy chwilfrydig nag eraill"
"some are a little more curious than others"
"Ond maen nhw am roi cynnig arni gyntaf cyn talu i mi"
"but they want to try it first before paying me"
Gofynnodd yr hen ddyn iddo gyda chwilfrydedd gwironeddol
the old man asked him with genuine curiosity
"Hoffech chi gael tri dymuniad arall?"
"would you want to have another three wishes?"
"Dwi ddim yn gwybod..." Dywedodd y milwr, "Dwi ddim yn gwybod"
"I don't know..." said the soldier, "I don't know"

Tynnodd y llaw o'r bwrdd
He took the paw from the table
ac efe a'i holltodd rhwng ei fys a'i fawd
and he dangled it between his forefinger and thumb
Yn sydyn taflodd ef i'r tân
suddenly he threw it into the fire
Gwaeddodd y teulu mewn syndod a dychryn
the family cried out in surprise and shock

Ond yn bennaf oll maent yn crio allan gyda difaru
but most of all they cried out with regret
Safodd Mr White i lawr a'i gipio allan o'r tân
Mr White stooped down and snatched it out the fire
'Gwell gadael iddo losgi,' meddai'r milwr
"Better let it burn," said the soldier
"Os nad ydych chi eisiau, Mr Morris, rhowch e i mi"
"If you don't want it, Morris, give it to me"
"Ni roddaf fi hyn i chwi," meddai ei gyfaill yn gŵn
"I won't give it to you," said his friend, doggedly
"Roeddwn i eisiau ei daflu ar y tân"
"I meant to throw it on the fire"
"Os ydych chi'n ei gadw, peidiwch â beio fi am yr hyn sy'n digwydd"
"If you keep it, don't blame me for what happens"
"Trawwch ef ar y tân eto fel dyn synhwyrol"
"Pitch it on the fire again like a sensible man"
Ond ysgydwodd yr hen ŵr ei ben
but the old man shook his head
Yn hytrach, archwiliodd ei feddiant newydd yn agos
instead, he examined his new possession closely
"Sut ydych chi'n ei wneud?" gofynnodd
"How do you do it?" he inquired
"Mae'n rhaid i ti ei ddal yn dy law dde"
"you have to hold it up in your right hand"
"Yna mae'n rhaid i chi ddymuno'n uchel," meddai'r rhingyll-mawr
"then you have to wish aloud," said the sergeant-major
"Ond yr wyf yn eich rhybuddio am y canlyniadau"
"but I warn you of the consequences"
"Mae'n swnio fel y nosweithiau Arabaidd," meddai Mrs White
"Sounds like the Arabian Nights," said Mrs. White
A hi a gyfododd, ac a ddechreuodd osod y swper
and she rose and began to set the supper
"Fe allech chi ddymuno pedwar pâr o ddwylo i mi"
"you could wish for four pairs of hands, for me"

Ei gŵr yn dal y talisman i fyny
Her husband held the talisman up
Y sarjant-mawr yn ei ddal gan y fraich
the sergeant-major caught him by the arm
ac roedd ganddo olwg o ddychryn ar ei wyneb
and he had a look of alarm on his face
Ac yna'r tri yn byrstio i chwerthin
and then all three burst into laughter
Ond nid oedd y gwestai mor ddifyr â'i westeion
but the guest was not as amused as his hosts
"Os ydych chi'n dymuno, mynnwch rywbeth doeth."
"If you must wish, wish for something sensible"
Gollyngodd Mr White y llaw i'w boced
Mr. White dropped the paw into his pocket
Roedd swper bellach bron wedi'i sefydlu
supper had now almost been set up
Mr White wnaeth osod y cadeiriau o gwmpas y bwrdd
Mr White placed the chairs around the table
Ac fe gynigiodd ei ffrind i ddod i fwyta
and he motioned his friend to come and eat
Swper yn dod yn fwy diddorol na'r Talisman
supper became more interesting than the talisman
Ac anghofiwyd y Talisman yn rhannol
and the talisman was partly forgotten
Beth bynnag, roedd mwy o straeon o India
anyway, there were more tales from India
a'r gwestai yn eu diddanu gyda straeon eraill
and the guest entertained them with other stories

Roedd y noson yn un pleserus iawn
the evening had been very enjoyable
Gadawodd Morris mewn pryd i ddal y trên olaf
Morris left just in time to catch the last train
Herbert oedd wedi cael ei ddiddanu fwyaf gan y straeon
Herbert had been most entertained by the stories
"Dychmygwch os yw'r holl straeon a ddywedodd wrthym yn wir"

"imagine if all the stories he told us are true"
"Dychmygwch os oedd llaw y mwnci yn wironeddol swynol"
"imagine if the monkey's paw really was enchanted"
"Gadewch i ni ei gymryd gyda phinsiad o halen"
"we shall take it with a pinch of salt"
Roedd Mrs White yn chwilfrydig amdano hefyd
Mrs. White was curious about it too
"A ydych wedi rhoi rhywbeth iddo fe, Dad?"
"Did you give him anything for it, father?"
a gwyliodd ei gŵr yn agos
and she watched her husband closely
"Trifle," meddai, gan liwio ychydig
"A trifle," said he, colouring slightly
"Doedd e ddim eisiau, ond fe wnes i ei gymryd"
"He didn't want it, but I made him take it"
"Ac fe wnaeth bwyso arna i eto i'w daflu i ffwrdd"
"And he pressed me again to throw it away"
"Mae'n rhaid!" meddai Herbert, gydag arswyd smalio
"you must!" said Herbert, with pretended horror
"Pam, rydyn ni'n mynd i fod yn gyfoethog ac yn enwog ac yn hapus"
"Why, we're going to be rich, and famous and happy"
"Dylet ti ddymuno bod yn ymerawdwr, tad"
"you should make the wish to be an emperor, father"
a bu'n rhaid iddo redeg o gwmpas y bwrdd i orffen y jôc
and he had to run around the table to finish the joke
"Fyddwch chi ddim yn cael eich cosbi gan yr ieir"
"then you won't be pecked by the hens"
Roedd ei fam yn ei erlid â lliain llestri
his mum was chasing him with a dishcloths
Cymerodd Mr White y llaw o'i boced
Mr. White took the paw from his pocket
Roedd e'n llygadu llaw y mwnci mummified yn ddyfal
he eyed the mummified monkey's paw dubiously
"Dwi ddim yn gwybod beth i'w ddymuno"
"I don't know what to wish for"
"Ac mae hynny'n ffaith," meddai, yn araf

"and that's a fact," he said, slowly
"Mae'n ymddangos i mi fod gen i bopeth rydw i eisiau"
"It seems to me I've got all I want"
"ond fe allech chi dalu'r tŷ i ffwrdd," awgrymodd Herbert
"but you could pay off the house," suggested Herbert
Dychmygwch pa mor hapus y byddech chi bryd hynny!
"imagine how happy you'd be then!"
"Rydych chi'n gwneud pwynt da," chwarddodd ei dad
"you make a good point," his dad laughed
"Wel, yn dymuno am ddau gant o bunnoedd, yna"
"Well, wish for two hundred pounds, then"
"Byddai hynny'n ddigon i'r morgais"
"that would be enough for the mortgage"
bu'n rhaid iddo ymbalfalu ar ei grededd ei hun
he had to blush at his own credulity
Ond daliodd y Talisman â'i law dde
but he held up the talisman with his right hand
Dangosodd ei fab wyneb difrifol i'w dad
his son showed a solemn face to his father
Ond, i'r ochr fe winodd i'w fam
but, to the side, he winked to his mother
Eisteddodd i lawr wrth y piano
and he sat down at the piano
ac fe darodd ambell gorn seinio difrifol
and he struck a few serious sounding chords
Gwnaeth yr hen ddyn ei ddymuniad yn amlwg
the old man distinctly made his wish
"Rwy'n dymuno am 200 o bunnoedd"
"I wish for two hundred pounds"
Cyfarchodd crescendo cain o'r piano y geiriau
A fine crescendo from the piano greeted the words
ond yna daeth gwaedd shuddering oddi wrth yr hen ddyn
but then a shuddering cry came from the old man
Rhedodd ei wraig a'i fab tuag ato
His wife and son ran towards him
"Symudodd," gwaeddodd, "fe symudodd y llaw!"
"It moved," he cried, "the hand moved!"

Edrychodd gyda ffieidd-dra ar y gwrthrych ar y llawr
he looked with disgust at the object on the floor
"Wrth i mi wneud fy ndymuniad, roedd yn troi yn fy llaw"
"As I made my wish it twisted in my hand"
"Roedd yn symud yn fy llaw fel neidr"
"it moved in my hand like a snake"
"Dydw i ddim yn gweld yr arian," meddai ei fab
"Well, I don't see the money," said his son
Tynnodd y llaw o'r llawr
he picked the paw from the floor
Ac efe a osododd y llaw wedi gwywo, ar y bwrdd,
and he placed the withered hand on the table
"A dw i'n siwr na fydda i byth yn gweld yr arian"
"and I bet I never shall see the money"
"Mae'n rhaid ei fod wedi bod yn ffan i chi, tad," meddai ei wraig
"It must have been your fancy, father," said his wife
"Mae dychymyg yn cael ffordd o chwarae triciau"
"imaginations do have a way of playing tricks"
ond parhaodd i'w ystyried yn bryderus
but she continued to regard him anxiously
Casglodd ei dawelwch ac ysgydwodd ei ben
He collected his calm and shook his head
"Peidiwch byth â meddwl, nid oes unrhyw niwed yn cael ei wneud"
"Never mind, though, there's no harm done"
"Ond fe roddodd dipyn o sioc i mi"
"but it did give me quite a shock"

Eisteddon nhw eto wrth y tân
They sat down by the fire again
Roedd y ddau ddyn yn ysmygu gweddill eu pibellau.
the two men smoked the rest of their pipes
Y tu allan, roedd y gwynt yn gryfach nag erioed
outside, the wind was stronger than ever
Yr oedd yr hen ddyn ar ei draed drwy'r nos
the old man was on edge all night

Mae drws i fyny'r grisiau yn cau ei hun gyda bang
a door upstairs shut itself with a bang
a bu bron iddo neidio allan o'i groen
and he almost jumped out of his skin
distawrwydd anarferol a digalon wedi setlo ar yr ystafell
an unusual and depressing silence settled upon the room
Yn y diwedd ymddeolodd Herbert am y noson
eventually Herbert retired for the night
Ond ni allai eu helpu i leddfu ychydig yn fwy
but he couldn't help teasing them a little more
"Rwy'n gobeithio y byddwch chi'n dod o hyd i'r arian wedi'i glymu"
"I expect you'll find the cash tied up"
"Bydd y cyfan yng nghanol eich gwely"
"it'll all be in the middle of your bed"
"Ond bydd rhywbeth ofnadwy yn eich ystafell"
"but there'll be something horrible in your room"
"Bydd yn sgwatio ar ben y cwpwrdd dillad"
"it will be squatting on top of the wardrobe"
"A bydd yn eich gwylio wrth i chi boced eich enillion sâl"
"and it'll watch you as you pocket your ill-gotten gains"
"Penblwydd da, dad nos da"
"good night mother, good night father"
Aeth Mrs. White i'r gwely yn fuan hefyd
Mrs. White soon went to bed too
Eisteddodd yr hen ddyn ar ei ben ei hun yn y tywyllwch
The old man sat alone in the darkness
Mae'n treulio peth amser yn edrych ar y tân sy'n marw
he spend some time gazing at the dying fire
Yn y tân roedd yn gallu gweld wynebau erchyll
in the fire he could see horrible faces
Roedd ganddyn nhw rywbeth rhyfedd iawn iddyn nhw
they had something strangely ape-like to them
Ac ni allai helpu i syllu mewn syndod
and he couldn't help gazing in amazement
Ond roedd y cyfan yn rhy fywiog
but it all got a little too vivid

gyda chwerthin anesmwyth fe gyrhaeddodd am y gwydr
with an uneasy laugh he reached for the glass
Roedd e'n mynd i daflu dŵr ar y tân
he was going to throw some water on the fire
Ond digwyddodd ei law ar baw y mwnci
but his hand happened upon the monkey's paw
Rhedodd ychydig yn sigledig i lawr ei asgwrn cefn
a little shiver ran down his spine
Sychodd ei law ar ei gôt
he wiped his hand on his coat
Ac o'r diwedd aeth i fyny i'r gwely
and finally he also went up to bed

Rhan Dau
Part Two

Yn disgleirdeb yr haul gaeafol y bore wedyn
In the brightness of the wintry sun the next morning
Rhedodd yr haul dros y bwrdd brecwast
the sun streamed over the breakfast table
Roedd yn chwerthin am ei ofnau o'r noson gynt
He laughed at his fears from the previous night
Roedd yna aer o iachusrwydd prosaig yn yr ystafell
There was an air of prosaic wholesomeness in the room
nid oedd yr hwyliau yn ddigon optimistaidd hwn ar y noson flaenorol
the mood had lacked this optimism on the previous night
Rhoddwyd y llaw bach budr, wedi'i gysegru ar yr ochr
The dirty, shrivelled little paw was put on the sideboard
Rhoddwyd y llaw yno braidd yn ddiofal
The paw was put there somewhat carelessly
fel pe na bai cred fawr yn ei rinweddau
as if there was no great belief in its virtues
"Mae'n debyg fod pob hen filwr yr un fath," meddai Mrs White
"I suppose all old soldiers are the same," said Mrs. White
"Mae'n ddoniol meddwl ein bod ni'n gwrando ar y fath nonsens!"
"funny to think we were listening to such nonsense!"
"Sut y gellir ei roi i ni yn y dyddiau hyn?"
"How could wishes be granted in these days?"
"Sut y gallai dau gant o bunnoedd eich brifo, Dad?"
"And how could two hundred pounds hurt you, father?"
Roedd gan Herbert jôc am hyn hefyd
Herbert had a joke for this too
"Efallai ei fod yn disgyn ar ei ben o'r awyr"
"it might drop on his head from the sky"
Ond nid oedd ei dad yn dal i ddod o hyd i'r cyfan yn ddoniol
but his father still didn't find it all funny
"Roedd Morris yn dweud bod pethau wedi digwydd yn

naturiol iawn"
"Morris said the things happened very naturally"
"Efallai y byddwch, os dymunwch hynny, yn ei briodoli i gyd-ddigwyddiad"
"you might, if you so wished, attribute it to coincidence"
Cododd Herbert o'r bwrdd, ond gwnaeth un jôc olaf
Herbert rose from the table, but made one last joke
"Wel, peidiwch â dechrau gwario'r arian cyn i mi ddod yn ôl"
"Well, don't start spending the money before I come back"
"Rwy'n ofni y bydd yn eich troi'n ddyn cymedrig ac avaricious"
"I'm afraid it'll turn you into a mean, avaricious man"
"Ac yna mae'n rhaid i ni eich gwadu"
"and then we shall have to disown you"
Roedd ei fam yn chwerthin ac yn ei ddilyn i'r drws
His mother laughed and followed him to the door
Roedd hi'n edrych ar y ffordd i lawr y ffordd
She watched him down the road
Yna dychwelodd i'r bwrdd brecwast
then she returned back to the breakfast table
Roedd hi'n hapus iawn ar draul crediniaeth ei gŵr
she was very happy at the expense of her husband's credulity
Ond brysiodd i'r drws pan gurodd y postmon
but she did hurry to the door when the postman knocked
Roedd y postmon wedi dod â bil iddi gan y teiliwr
the postman had brought her a bill from the tailor
Ac fe wnaeth hi sylw am llaw'r mwnci eto
and she did comment about the monkey's paw again

Roedd gweddill y dydd yn eithaf annymunol
the rest of the day was quite uneventful
Roedd Mr a Mrs White yn paratoi i gael cinio
Mr. and Mrs. White were getting ready to have dinner
Roedden nhw'n disgwyl Herbert yn ôl unrhyw funud nawr
They were expecting Herbert back any minute now
Mrs White yn siarad am ei mab
Mrs White got to talking about her son

"Bydd ganddo fwy o'i sylwadau doniol"
"He'll have some more of his funny remarks"
"Rwy'n siŵr y bydd e," meddai Mr White
"I'm sure he will," said Mr. White
ac efe a dywalltodd ei hun ryw gwrw
and he poured himself out some beer
"Ond, wrth o'r neilltu, fe symudodd y peth yn fy llaw"
"but, joking aside, the thing moved in my hand"
'Roeddech chi'n meddwl,' meddai'r hen wraig
""you thought," said the old lady, soothingly
'Rwy'n dweud ei fod wedi symud,' atebodd y llall
"I say it DID move," replied the other
"Doedd dim 'meddwl' am y peth"
"There was no 'thought' about it"
"Roeddwn i ar fin ... Beth sy'n bod arno?"
"I was about to... What's the matter?"
Ni wnaeth ei wraig ateb
His wife made no reply
Roedd hi'n gwylio symudiadau dirgel dyn y tu allan
She was watching the mysterious movements of a man outside
Roedd yn ymddangos ei fod yn ceisio gwneud ei feddwl i fynd i mewn
He appeared to be trying to make up his mind to enter
Gwnaeth gysylltiad meddyliol â'r ddau gant o bunnoedd
she made a mental connection with the two hundred pounds
a sylwodd fod y dieithryn wedi gwisgo'n dda
and she noticed that the stranger was well dressed
Roedd yn gwisgo het sidan o newydd-deb sgleiniog
He wore a silk hat of glossy newness
Dair gwaith fe safodd wrth y giât
Three times he paused at the gate
Yna cerddodd i ffwrdd eto
Then he walked away again
Y pedwerydd tro iddo sefyll gyda'i law ar y giât
The fourth time he stood with his hand on the gate
Yn bendant, fe ddaliodd y giât ar agor

resolutely, he flung the gate open
a cherdded i fyny'r ffordd tua'r tŷ
and he walked up the path towards the house
Brysiodd yn ddi-rwystr llinynnau ei ffedog.
She hurriedly unfastened the strings of her apron
a rhoi'r ffedog hwnnw o dan glustog ei chadair,
and put that apron beneath the cushion of her chair
Yna hi a aeth at y drws i adael i'r dieithryn
then she went to the door to let the stranger in
Aeth i mewn yn araf, a syllu ar ei gynddaredd
He entered slowly, and gazed at her furtively
Ymddiheurodd yr hen wraig am ymddangosiad yr ystafell
the old lady apologized for the appearance of the room
Ond gwrandawodd mewn modd preoccupied
but he listened in a preoccupied fashion
Mae hi hefyd wedi ymddiheuro am gôt ei gŵr
She also apologized for her husband's coat
dilledyn y mae fel arfer yn ei gadw ar gyfer yr ardd
a garment which he usually reserved for the garden
Roedd hi'n disgwyl yn amyneddgar iddo ddweud pam ei fod wedi dod
She waited patiently for him to say why he had come
Ond ar y dechrau roedd yn dawel iawn
but he was at first strangely silent
"Gofynnwyd i mi ddod atoch chi," meddai, o'r diwedd
"I was asked to come to you," he said, at last
Safai i ddewis darn o gotwm gan ei drowsus
He stooped to pick a piece of cotton from his trousers
"Dwi'n dod o Maw a Meggins"
"I come from Maw and Meggins"
Roedd yr hen wraig wedi ei syfrdanu gan yr hyn a ddywedodd
The old lady was startled by what he had said
"A oes unrhyw beth yn bod?" gofynnodd, yn ddi-anadl
"Is anything the matter?" she asked, breathlessly
A oes unrhyw beth wedi digwydd i Herbert?
"Has anything happened to Herbert?

"Beth ydy e? Beth ddigwyddodd iddo?"
"What is it? What happened to him?"
"Arhoswch ychydig, Mam," meddai ei gŵr, ar frys
"wait a little, mother," said her husband, hastily
"Eisteddwch i lawr a pheidiwch â neidio i gasgliadau"
"Sit down, and don't jump to conclusions"
"Dydych chi ddim wedi dod â newyddion drwg, rwy'n siŵr, Syr"
"You've not brought bad news, I'm sure, Sir"
ac efe a edrychodd ar y dieithryn yn wistful
and he eyed the stranger wistfully
"Mae'n ddrwg gen i..." Dechreuodd yr ymwelydd
"I'm sorry..." began the visitor
"Ydy e'n brifo?" gofynnodd y fam, yn wyllt
"Is he hurt?" demanded the mother, wildly
Syrthiodd yr ymwelydd mewn cerydd
The visitor bowed in assent
"Brifo yn ddrwg," meddai, yn dawel
"Badly hurt," he said, quietly
"Ond nid yw mewn unrhyw boen"
"but he is not in any pain"
'Diolch yn fawr!' meddai'r hen wraig
"Oh, thank God!" said the old woman
a hi a roddes ei dwylo i weddïo
and she clasped her hands to pray
Diolch i Dduw am hynny! Diolch yn fawr..."
"Thank God for that! Thank..."
Torrodd ei ddedfryd yn sydyn
She broke off her sentence suddenly
gwawriodd ystyr sinistr y sicrwydd arni
the sinister meaning of the assurance dawned upon her
Edrychodd i mewn i'r dieithriaid wyneb
she looked into the strangers averted face
a gwelodd y cadarnhad ofnadwy o'i hofnau
and she saw the awful confirmation of her fears
Daliodd ei anadl am ennyd
she caught her breath for a moment

a hi a drodd at ei gŵr arafach-witted
and she turned to her slower-witted husband
Gosododd ei llaw yn crynu ar ei law
She laid her trembling old hand upon his hand
Roedd tawelwch hir yn yr ystafell
There was a long silence in the room
Yn olaf, torrodd yr ymwelydd y distawrwydd, mewn llais isel
finally the visitor broke the silence, in a low voice
"Cafodd ei ddal yn y peiriannau"
"He was caught in the machinery"
"Dal yn y peiriannau," ailadroddodd Mr White
"Caught in the machinery," repeated Mr. White
Ysgydwodd y geiriau mewn ffordd dazed
he muttered the words in a dazed fashion
Eisteddodd yn syllu yn wag wrth y ffenestr
He sat staring blankly out at the window
Gafaelodd yn llaw ei wraig rhwng ei
he took his wife's hand between his own
Trodd yn dyner tuag at yr ymwelydd
he turned gently towards the visitor
Ef oedd yr unig un sydd ar ôl i ni"
"He was the only one left to us"
'Mae'n anodd,' atebodd y llall
"It is hard," The other replied
Yn codi, cerddodd yn araf at y ffenestr
Rising, he walked slowly to the window
"Roedd y cwmni'n dymuno i mi gyfleu eu cydymdeimlad diffuant"
"The firm wished me to convey their sincere sympathy"
"Rydym yn cydnabod eich bod wedi dioddef colled fawr"
"we recognize that you have suffered a great loss"
ond doedd e ddim yn gallu edrych arnyn nhw yn y llygaid
but he was unable to look them in the eyes
"Rwy'n erfyn arnoch chi i ddeall mai fi ydy'r unig negesydd iddyn nhw."
"I beg that you will understand I am only their messenger"
"Yr wyf yn unig yn ufuddhau i'r gorchmynion a roesant i mi"

"I am merely obeying the orders they gave me"
Ni chafwyd ateb gan yr hen gwpl
There was no reply from the old couple
Roedd wyneb yr hen ddynes yn wyn
The old woman's face was white
Roedd ei lygaid yn syllu
Her eyes were staring
Roedd ei hanadl yn anhyglyw
Her breath was inaudible
Roedd ei gŵr yn edrych i mewn i bellter canol
her husband was looking into some middle distance
"Maw a Meggins yn gwadu pob cyfrifoldeb"
"Maw and Meggins disclaim all responsibility"
'Ddim yn derbyn unrhyw gyfrifoldeb o gwbl'
"They admit no liability at all"
"Ond maen nhw'n ystyried gwasanaethau eich mab"
"but they are considerate of your son's services"
"Maen nhw eisiau cyflwyno iawndal i chi"
"they wish to present you with some compensation"
Mr White yn gollwng llaw ei wraig
Mr. White dropped his wife's hand
Cododd ar ei draed am yr hyn yr oedd ar fin ei ofyn
he rose to his feet for what he was about to ask
ac edrychodd gyda golwg o arswyd ar ei ymwelydd
and he gazed with a look of horror at his visitor
Ei wefusau sych a luniodd y geiriau, "Faint o faint?"
His dry lips shaped the words, "How much?"
'Dau gant o bunnoedd,' oedd yr ateb
"Two hundred pounds," was the answer
rhoddodd ei wraig shriek allan pan glywodd y rhif
his wife gave out a shriek when she heard the number
dim ond gwenu'n llewyglyd oedd yr hen ddyn
the old man only smiled faintly
Gafaelodd yn ei ddwylo fel dyn di-fai
He held out his hands like a sightless man
a gollyngodd i domen ddisynnwyr ar y llawr
and he dropped into a senseless heap on the floor

Rhan Tri
Part Three

Yn y fynwent newydd enfawr
In the huge new cemetery
2 filltir i ffwrdd o'r tŷ
two miles away from the house
Yr hen bobl a gladdwyd eu mab marw
the old people buried their dead son
Daethant adref gyda'i gilydd
They came back to their house together
Roedden nhw wedi eu trwytho mewn cysgod a thawelwch
they were steeped in shadow and silence
Roedd y cyfan drosodd mor gyflym
It was all over so quickly
Prin y gallent gymryd i mewn yr hyn a ddigwyddodd
they could hardly take in what had happened
Maent yn parhau i fod mewn cyflwr o ddisgwyliad
They remained in a state of expectation
fel petai rhywbeth arall yn mynd i ddigwydd
as though of something else was going to happen
rhywbeth arall, a oedd i ysgafnhau'r llwyth hwn
something else, which was to lighten this load
y llwyth rhy drwm i hen galonnau ei ddwyn
the load too heavy for old hearts to bear
Ond mae'r dyddiau'n mynd heibio heb unrhyw ryddhad
But the days passed without any relief
a'r disgwyliad yn rhoi lle i ymddiswyddo
and expectation gave place to resignation
Ymddiswyddiad anobeithiol yr hen
The hopeless resignation of the old
Weithiau mae'n cael ei alw'n ddifaterwch
sometimes it is miscalled apathy
yn y cyfnod hwn prin y maent yn cyfnewid gair
in this time they hardly exchanged a word
Nid oedd ganddynt unrhyw beth i siarad amdano nawr

Now they had nothing to talk about
Roedd eu dyddiau'n hir, o'r blinder
their days were long, from the weariness

Roedd tua wythnos ar ôl yr angladd
It was about a week after the funeral
Deffrodd yr hen ddyn yn sydyn yn y nos
the old man woke suddenly in the night
Estynnodd ei law
He stretched out his hand
Gwelodd ei fod ar ei ben ei hun yn y gwely
he found he was alone in bed
Roedd yr ystafell yn y tywyllwch
The room was in darkness
Daeth sŵn wylo darostyngedig o'r ffenestr
The sound of subdued weeping came from the window
Cododd ei hun yn y gwely a gwrando
He raised himself in bed and listened
"Dewch yn ôl," meddai, yn dyner
"Come back," he said, tenderly
'Byddi di'n oer,' meddai wrthi
"You will be cold," he warned her
'Mae'n oerach i'm mab,' meddai'r hen wraig
"It is colder for my son," said the old woman
ac wylodd hyd yn oed yn fwy nag o'r blaen
and she wept even more than before
Bu farw sŵn ei sobs i ffwrdd ar ei glustiau
The sound of her sobs died away on his ears
Roedd y gwely yn gynnes ac yn gyfforddus
The bed was warm and comfortable
Roedd ei lygaid yn drwm gyda chysgu
His eyes were heavy with sleep
Roedd yn cysgu nes i gri sydyn gan ei wraig ei ddeffro
he slept until a sudden cry from his wife awoke him
"Y llaw!" gwaeddodd yn wyllt, "llaw y mwnci!"
"The paw!" she cried wildly, "The monkey's paw!"
Cododd o'r gwely mewn braw

He got out of bed in alarm
"Ble? Lle mae hi?" mynnai
"Where? Where is it?" he demanded
"Beth sy'n bod ar y mwnci?"
"What's the matter with the monkey's paw?"
Daeth hi ar draws yr ystafell tuag ato
She came stumbling across the room toward him
"Dwi eisiau llaw'r mwnci," meddai, yn dawel
"I want the monkey's paw," she said, quietly
"Dydych chi ddim wedi ei ddinistrio, ydych chi?"
"You've not destroyed it, have you?"
"Mae yn y parlwr," atebodd, yn rhyfeddu
"It's in the parlour" he replied, marvelling
"Pam wyt ti eisiau llaw'r mwnci?"
"Why do you want the monkey's paw?"
Roedd hi'n chwerthin ac yn crio ar yr un pryd
She cried and laughed at the same time
Plygu drosodd, cusanu ei boch
Bending over, she kissed his cheek
"Dim ond meddwl am y peth oeddwn i," meddai, yn hysterically.
"I only just thought of it," she said, hysterically.
"Pam nad ydw i wedi meddwl amdano o'r blaen?"
"Why didn't I think of it before?"
"Pam na wnaethoch chi feddwl amdano?"
"Why didn't you think of it?"
"Beth doedden ni ddim yn meddwl amdano?" holodd
"what didn't we think of?" he questioned
"Y ddau ddymuniad arall," atebodd yn gyflym.
"The other two wishes," she replied, rapidly
'Dim ond un o'n dymuniadau sydd gennym'
"We've only had one of our wishes"
"Onid oedd hynny'n ddigon?" mynnodd, yn ffyrnig
"Was that not enough?" he demanded, fiercely
'Na!' gwaeddodd, yn fuddugoliaethus
"No," she cried, triumphantly
"Byddwn yn gwneud un yn fwy dymunol"

"we will make one more wish"
'Ewch i lawr a'i gael yn gyflym'
"Go down and get it quickly"
"Dymuno bywyd i'n plentyn eto"
"and wish our boy alive again"
Eisteddodd y dyn yn y gwely
The man sat up in bed
Taflodd y dillad gwely o'i goesau cwacio
He flung the bedclothes from his quaking limbs
"Duw da, rydych chi'n wallgof!" gwaeddodd, yn flin
"Good God, you are mad!" he cried, aghast
"Cael llaw'r mwnci," mae hi'n paned
"Get the monkey's paw," she panted
"A gwneud y dymuniad. Fy mab, fy mab!"
"and make the wish. Oh, my boy, my boy!"
Fe darodd ei gŵr gêm a chynnau cannwyll
Her husband struck a match and lit the candle
"Ewch yn ôl i'r gwely," meddai, yn ddi-dor
"Get back to bed," he said, unsteadily
'Wyddost ti ddim beth rwyt ti'n ei ddweud'
"You don't know what you are saying"
"Cawsom y dymuniad cyntaf a ganiateir," meddai'r hen wraig, yn ddwys
"We had the first wish granted," said the old woman, feverishly
"Pam na allwn ni gael ail ddymuniad?"
"Why can we not get a second wish granted?"
"Cyd-ddigwyddiad," gwaeddodd yr hen ddyn
"A coincidence," stammered the old man
"Ewch i'w gael a dymuniad," gwaeddodd ei wraig
"Go and get it and wish," cried his wife
Roedd hi'n chwifio gyda chyffro
she was quivering with excitement
Trodd yr hen ddyn ac edrychodd arni
The old man turned and regarded her
Ysgydwodd ei lais, "Bu farw ddeg diwrnod."
His voice shook, "He has been dead ten days"

"Ac ar wahân... "Fyddwn i ddim yn dweud wrthoch chi..."
"and besides... I would not tell you..."
"Ond dim ond trwy ei ddillad y gallwn ei adnabod"
"but, I could only recognize him by his clothing"
"Roedd e'n rhy drist i ti weld"
"he was too terrible for you to see"
"Sut y gellid ei gael yn ôl o hynny?"
"how could he be brought back from that?"
'Tyrd ag ef yn ôl,' gwaeddodd yr hen wraig
"Bring him back," cried the old woman
Roedd hi'n ei lusgo tua'r drws
She dragged him toward the door
"Ydych chi'n meddwl fy mod i'n ofni'r plentyn rydw i'n ei fagu?"
"Do you think I fear the child I nursed?"
Aeth i lawr yn y tywyllwch
He went down in the darkness
Roedd yn teimlo ei ffordd i'r gegin
he felt his way to the kitchen
Yna aeth i'r mantell
Then he went to the mantelpiece
Roedd y talisman yn ei le
The talisman was in its place
Cafodd ei orchfygu gan ofn ofnadwy
he was overcome by a horrible fear
ofn y byddai ei ddymuniad yn gweithio
the fear that his wish would work
Byddai ei ddymuniad yn dod â'i fab anwadaledig yn ôl
his wish would bring his mutilated son back
Roedd wedi colli cyfeiriad y drws
he had lost the direction of the door
Ond daliodd ei anadl eto
but he caught his breath again
Roedd ei hafal yn oer gyda chwys
His brow was cold with sweat
Roedd hyd yn oed wyneb ei wraig wedi newid
Even his wife's face seemed changed

Roedd ei wyneb yn wyn ac yn ddisgwyliedig
her face was white and expectant
Roedd yn ymddangos fel petai'n edrych yn annaturiol arno
it seemed to have an unnatural look upon it
Roedd ofn arni
he was afraid of her
"Dymuniad!" gwaeddodd, mewn llais cryf
"Wish!" she cried, in a strong voice
"Mae'n ffôl ac yn ddrygionus,"
"It is foolish and wicked," he faltered
"Dymunaf!" ailadroddodd ei wraig
"Wish!" repeated his wife
Gafaelodd yn y llaw a chodi ei law
He held the paw and raised his hand
"Rwy'n dymuno'n fyw i'm mab eto"
"I wish my son alive again"
Syrthiodd y talisman i'r llawr
The talisman fell to the floor
Roedd yn edrych yn ofnus
He regarded it fearfully
Yna suddodd yn crynu i gadair
Then he sank trembling into a chair
Cerddodd yr hen wraig, gyda llygaid llosgi, i'r ffenestr
The old woman, with burning eyes, walked to the window
Cododd y bleindiau a chyfeirio allan
she raised the blinds and peered out
Safodd yr hen wraig yn ddi-symud wrth y ffenestr
the old woman stood motionless at the window
Eisteddodd nes iddo gael ei oeri gyda'r oerfel
he sat until he was chilled with the cold
Weithiau fe orffwysodd at ei wraig
occasionally he glanced at his wife

Roedd y pen cannwyll wedi llosgi o dan yr ymyl
The candle-end had burned below the rim
Taflodd y fflam gysgodion bylchog ar y waliau
the flame threw pulsating shadows on the walls

gyda fflic yn fwy na'r gweddill, aeth allan
with a flicker larger than the rest, it went out
Roedd yr hen ddyn yn teimlo ymdeimlad annisgrifiadwy o ryddhad
The old man felt an unspeakable sense of relief
Roedd y Talisman wedi methu â mawrygu ei ddymuniad
the talisman had failed to grand his wish
Felly gafaelodd yr hen ddyn yn ôl i'w wely
so, the old man crept back to his bed
Munud neu ddau wedyn ymunodd yr hen wraig ag ef
A minute or two afterwards the old woman joined him
Mae hi'n dawel ac yn ddidwyll gosod ei hun wrth ei ochr
she silently and apathetically laid herself beside him
Ni siaradasant, ond gorweddent yn ddistaw
Neither spoke, but they lay silently
Roedden nhw'n gwrando ar ticio'r cloc
they listened to the ticking of the clock
Clywsant greadur y grisiau
they heard the creaking of the stairs
a llygoden dyfrllyd yn scurried noisily drwy'r wal
and a squeaky mouse scurried noisily through the wall
Roedd y tywyllwch oedd yn hongian drostynt yn ormesol
The darkness hanging over them was oppressive
Yn y diwedd cafodd yr hen ddyn ddigon o ddewrder eto
eventually the old man had enough courage again
Cododd a chymryd y blwch o gemau
he got up and took the box of matches
Yn taro gêm, aeth i lawr y grisiau am gannwyll
Striking a match, he went downstairs for a candle
Wrth droed y grisiau aeth y gêm allan
At the foot of the stairs the match went out
ac oedodd i daro gêm arall
and he paused to strike another match
Ar yr un pryd cafwyd cnoc
At the same moment there was a knock
cnoc mor dawel a llechwraidd ag i fod yn hynod glywadwy
a knock so quiet and stealthy as to be scarcely audible

Daeth y cnoc o'r drws ffrynt
the knock came from the front door
Syrthiodd y gemau o'i law a'u gollwng ar y llawr
The matches fell from his hand and spilled on the floor
Safodd yn ddi-symud ar y grisiau
He stood motionless on the stairs
ataliwyd ei anadl nes i'r cnoc gael ei ailadrodd
his breath suspended until the knock was repeated
Yna trodd a ffodd yn gyflym yn ôl i'w ystafell
Then he turned and fled swiftly back to his room
Caeodd y drws ar ei ôl
and he closed the door behind him
Mae trydydd cnoc yn seinio drwy'r tŷ
A third knock sounded through the house
"Beth yw hynny?" gwaeddodd yr hen wraig
"What's that?" cried the old woman
'A rat,' meddai'r hen ddyn wrth ysgwyd tonau
"A rat," said the old man in shaking tones
"Rat, fe redodd heibio i mi ar y grisiau"
"a rat, it ran past me on the stairs"
Eisteddodd ei wraig yn y gwely gan wrando
His wife sat up in bed, listening
Cnoc uchel wedi ei chwythu drwy'r tŷ
A loud knock resounded through the house
"Mae'n Herbert!" gwaeddodd, "Mae'n Herbert!"
"It's Herbert!" she screamed, "it's Herbert!"
Rhedodd at y drws, ond roedd ei gŵr yn gyflymach
She ran to the door, but her husband was quicker
fe'i daliwyd wrth ei fraich a'i dal yn dynn
he caught her by the arm and held her tightly
"Beth ydych chi'n mynd i'w wneud?" sibrydiodd yn ddi-hid
"What are you going to do?" he whispered hoarsely
**"Fy mab i ydyw; Mae hi'n gweiddi'n uchel iawn!"
gwaeddodd**
"It's my boy; it's Herbert!" she cried
Roedd hi'n cael trafferth yn fecanyddol i dorri'n rhydd
she struggled mechanically to break free

"Roeddwn i wedi anghofio ei fod dwy filltir i ffwrdd"
"I forgot it was two miles away"
"Am beth ydych chi'n fy nal i?"
"What are you holding me for?"
"Gadewch i mi fynd. "Mae'n rhaid i mi agor y drws."
"Let me go. I must open the door"
'Er mwyn Duw, peidiwch â'i adael i mewn,' gwaeddodd yr hen ddyn, gan grynu.
"For God's sake don't let it in," cried the old man, trembling
'Rwyt ti'n ofni dy fab dy hun,' meddai hi, "meddai hi'n anodd.
"You're afraid of your own son," she cried, struggling
"Gadewch i mi fynd. Rwy'n dod, Herbert, rwy'n dod.
"Let me go. I'm coming, Herbert, I'm coming"
Cafwyd cnoc arall, ac un arall
There was another knock, and another
gyda symudiad sydyn torrodd yr hen wraig yn rhydd
with a sudden movement the old woman broke free
A rhedodd allan o'r ystafell
and she ran out of the room
Dilynodd ei gŵr hi i'r glaniad
Her husband followed her to the landing
Galwodd ar ei hôl yn apelgar wrth iddi frysio i lawr y grisiau
he called after her appealingly as she hurried downstairs
Clywodd gadwyn y drws yn rhwygo'n ôl
He heard the chain of the door rattle back
llais yr hen wraig, dan straen a phaned
the old woman's voice, strained and panting
"Drws y drws" gwaeddodd, yn uchel
"The latch of the door" she cried, loudly
"Dewch i lawr, ni allaf ei gyrraedd"
"Come down, I can't reach it"
Ond roedd ei gŵr ar ei ddwylo a'i bengliniau
But her husband was on his hands and knees
Roedd yn gwenu'n wyllt ar y llawr
he was groping wildly on the floor
Roedd yn chwilio'n ffyrnig am y llaw

he was frantically searching for the paw
Pe bai ond yn gallu dod o hyd iddo cyn i'r peth y tu allan fynd i mewn
If he could only find it before the thing outside got in
Fusillade perffaith o guriadau a reverberated drwy'r tŷ
A perfect fusillade of knocks reverberated through the house
Clywodd grafu cadair
He heard the scraping of a chair
Roedd ei wraig wedi rhoi'r gadair yn erbyn y drws
his wife had put the chair against the door
Clywodd greadur y bol
He heard the creaking of the bolt
Ar yr un pryd daeth o hyd i llaw y mwnci
At the same moment he found the monkey's paw
Yn ffyrnig anadlodd ei drydydd a'i ddymuniad olaf
frantically he breathed his third and last wish
Daeth y curo i ben yn sydyn
The knocking ceased suddenly
ond yr atseiniau ohono yn dal yn y tŷ
but the echoes of it were still in the house
Clywodd y gadair yn cael ei thynnu yn ôl
He heard the chair being pulled back
Clywodd y drws yn cael ei agor
and he heard the door being opened
Gwynt oer yn rhuthro i fyny'r grisiau
A cold wind rushed up the staircase
a daeth cynffon hir o siom yn dilyn y gwynt
and a long loud wail of disappointment followed the wind
Rhoddodd dewrder iddo redeg i lawr i'w hochr
it gave him courage to run down to her side
Yna rhedodd i borth y tŷ
Then he ran to the gate of the house
Fflachiodd y lamp stryd ar ffordd dawel ac anghyfannedd
The street lamp flickered on a quiet and deserted road

Y diwedd - The End

www.tranzlaty.com

www.ingramcontent.com/pod-product-compliance
Lightning Source LLC
Chambersburg PA
CBHW011954090526
44591CB00020B/2777